RECUEIL

DES

USAGES LOCAUX

de l'Arrondissement de Vervins

CLASSÉS & MIS EN ORDRE

PAR

L. POIRET

GRADUÉ EN DROIT

HUISSIER PRÈS LE TRIBUNAL DE VERVINS

VERVINS

Imprimerie du " Démocrate de l'Aisne "

2, Rue Dusolon

1926

RECUEIL

DES

USAGES LOCAUX

de l'Arrondissement de Vervins

CLASSÉS & MIS EN ORDRE

PAR

L. POIRET

GRADUÉ EN DROIT

HUISSIER PRÈS LE TRIBUNAL DE VERVINS

VERVINS

Imprimerie du " Démocrate de l'Aisne "

2, Rue Dusolon

—

1926

LETTRE-PRÉFACE

Mon cher Maître,

Vous me demandez mon appréciation sur le projet que vous avez conçu de faire imprimer les Usages locaux de l'arrondissement de Vervins.

L'utilité de cette publication n'est pas contestable depuis la séance du Conseil général du 22 août 1907.

Il ne s'agit pas, comme bien à tort on l'avait insinué dans une séance précédente, de faire revivre les anciennes coutumes « derniers vestiges de la législation antérieure », mais de mettre en lumière et à la portée de tous les usages auxquels se réfèrent les lois nouvelles.

L'honorable rapporteur, M. Mazuriez, l'a dit en excellents termes : « Ces usages, dans l'état actuel de notre législation, sont le complément de la loi ».

J'ajouterai, dans le même ordre d'idées, qu'on doit les qualifier d'*usages légaux*.

Il faut donc reconnaître que ces usages ont besoin d'être précisés, ou, pour mieux dire, codifiés, si l'on veut que les magistrats ne puissent tomber dans l'erreur ou l'arbitraire. Consignés en un volume, les juges de paix et les tribunaux les consulteront dans tous les cas où les lois en vigueur en prescrivent l'application.

Les justiciables, de leur côté, y trouveront des renseignements qui les préserveront des dangers dans lesquels ils tomberaient en ne les observant pas, de même qu'ils leur feront connaître leurs droits.

Un pareil recueil, destiné à n'être que le complément de la loi, ne doit contenir, ainsi que le faisait ressortir le cadre-programme de l'administration préfectorale, que les usages locaux proprement dits, c'est-à-dire ceux reposant sur une série de faits de nature juridique importants, publics, uniformes, répétés et conservés par le temps, non ceux résultant de faits isolés ou exceptionnels, ni ceux ayant simplement une tendance à s'établir. La commission de l'arrondissement de Vervins, dont j'ai eu l'honneur de faire partie en qualité de secrétaire, s'est pénétrée de cette idée. Composée d'anciens magistrats, de fonctionnaires, d'officiers ministériels, de commerçants et de cultivateurs habitant depuis longtemps le pays, elle s'est attachée à ne mentionner que les usages parfaitement établis et reconnus. Elle a même poussé le scrupule jusqu'à exprimer le vœu que le chapitre XIV répondant au questionnaire du cadre-programme et relatif aux rapports qui existent entre les anciennes et les nouvelles mesures, soit supprimé dans la crainte que le fait de les voir consignés dans un document administratif ne puisse être considéré comme autorisant l'emploi, que condamne la loi, des anciennes mesures concurremment avec le système décimal.

Votre publication constituera une œuvre éminemment utile, susceptible de profiter à tous : aux magistrats, aux hommes d'affaires, aux agriculteurs et aux commerçants.

Agréez, mon cher Maître, l'expression de mes meilleurs sentiments.

FALAIZE.

Avoué à Vervins (1).

----

(1) Actuellement avoué honoraire à Vervins.

Explications

Préliminaires

Les Usages, qui font l'objet de cette brochure, ont été constatés par une Commission dont parle M. Falaize dans sa « Lettre-Préface » et qui fut instituée en vertu d'instructions du Ministre de l'Agriculture et d'un arrêté du Préfet de l'Aisne en date du 12 juillet 1897.

Cette Commission. présidée par le Président du tribunal civil, comprenait de droit les sénateurs, les députés, les conseillers généraux. les conseillers d'arrondissement, le Président du tribunal de commerce, les anciens juges de paix, auxquels furent adjoints les anciens avoués, les anciens notaires, les anciens maires, et d'autres notabilités.

La Commission de l'arrondissement de Vervins a commencé ses opérations le 10 août 1897 et en a consigné les résultats dans un rapport remis à la Préfecture.

Dans sa séance du 22 août 1907, le Conseil général de l'Aisne a voté un crédit de 1.200 fr. pour l'impression de 1.200 exemplaires destinés à être distribués aux communes du département, aux conseillers généraux et d'arrondissement, aux bibliothèques publiques et partout où le Préfet jugerait utile de le faire

En attendant la réalisation de ce vœu, qui se fait encore attendre, quelques officiers ministériels ont pu se procurer des copies manuscrites du rapport de la Commission. et notre confrère feu M. Minon, de Guise, en a imprimé vers 1908 une quantité d'exemplaires qui trouvèrent bien vite des amateurs.

C'est au moyen d'un manuscrit qu'on a bien voulu nous communiquer que nous publions, à notre tour, un Recueil des usages locaux de l'arrondissement de Vervins.

CHAPITRE I.

Immeubles ruraux

(Articles 1774, 1775 et 776 du Code Civil

1° Durée des baux.
Tacite reconduction. Congés

Article 1774. — Le bail sans écrit d'un fonds rural est censé fait pour le temps qui est nécessaire, afin que le preneur recueille tous les fruits de l'héritage affermé.

Ainsi le bail à ferme d'un pré, d'une vigne et de tout autre fonds dont les fruits se recueillent en entier dans le cours de l'année est censé fait pour un an.

Le bail des terres labourables, lorsqu'elles se divisent par soles, ou saisons, est censé fait pour autant d'années qu'il y a de soles.

Art. 1775. — Le bail des héritages ruraux, quoique fait sans écrit, cesse de plein droit à l'expiration du temps pour lequel il est censé fait, selon l'article précédent (1).

Art. 1776. — Si à l'expiration des baux ruraux écrits, le fermier reste et est laissé en possession, il s'opère un nouveau bail dont l'effet est régi par l'article 1774.

En matière de baux ruraux, écrits ou non écrits, la commission chargée en 1861 de centraliser et d'unifier les travaux des commissions cantonales, se fondant sur l'ensemble des articles 1774, 1775, 1776, a émis l'avis qu'il n'était pas nécessaire de donner congé, et que par suite les usages anciens, soit sur la durée de ces baux, soit sur la nécessité d'un congé pour les faire cesser, même en cas de tacite reconduction, ne devraient pas être constatés, attendu qu'ils étaient contraires à la loi.

Les prescriptions du code sont suivies en règle générale, l'assolement des terres labourables est triennal et par suite le bail est censé fait pour 3 ans. A Guise on ajoute que la location des granges seules part du 24 juin au 24 juin de l'année suivante et que la location d'un jardin potager seul court du 1er mars au 1er mars suivant.

---

(1) D'après la loi du 24 octobre 1919 le bail des héritages ruraux, quoique fait sans écrit, ne cesse à l'expiration du temps pour lequel il est censé fait, selon l'article précédent, que par l'effet d'un congé donné par écrit 6 mois au moins avant ce terme. A défaut de congé il s'opère un nouveau bail régi par l'article 1774.(*Note de l'éditeur*).

Paiement des fermages

L'époque des paiements des fermages est généralement fixée du 1er novembre au 1er janvier qui suivent la récolte.

Les époques les plus ordinaires sont le 11 novembre et le 25 décembre.

A *Vervins, Hirson, Wassigny, La Capelle et Sains* l'époque des paiements des fermages est fixé au 11 novembre.

A *Aubenton. Guise et Sains*, c'est quelquefois au 25 décembre.

Au *Nouvion*, le paiement des fermages est effectué au 30 novembre pour les fermes herbagères ; au 25 décembre pour les fermes agricoles.

Fruits des arbres

A défaut de stipulations contraires, il est d'usage que les fruits des arbres, le produit de leur émondage et élagage et celui de la taille des haies appartiennent au fermier.

A *Sains, Vervins et à Guise*, on observe que cet usage n'existe pas pour les locations de pâtures a l'année. Dans ce cas, les fruits des arbres appartiennent au propriétaire ; de plus, quand le fermier a droit à l'élagage, il a jusqu'au 1er janvier pour opérer la coupe et l'enlèvement.

A *La Capelle*, le fermier n'a pas le droit d'émonder les arbres, sans autorisation spéciale.

A *Wassigny*, les troncs des arbres fruitiers qui viennent à mourir appartiennent au fermier à la charge de les remplacer par des arbres de même nature.

Réparations locatives

On considère comme entretien locatif à la charge du fermier le comblement des ravins et excavations, l'abattage des muternes et taupinières, l'entretien des fossés et digues, la saignée, l'émondage et l'échenillage des arbres, les réparations aux mangeoires, bacs et rateliers et à l'aire de la grange.

A *Hirson et La Capelle*, on ajoute l'entretien des haies et des bâillages de clôtures, le propriétaire devant fournir la matière première et le fermier la main-d'œuvre.

En ce qui concerne les bâtiments ruraux, dans les cantons de *Guise, Hirson, La Capelle, Sains et Le Nouvion*, il est d'usage que les réparations locatives soient faites à la hauteur d'un mètre pour les bergeries et autres abris où sont hébergés les petits animaux et à la hauteur de deux mètres pour les écuries et étables où l'on met les chevaux, les bœufs et les vaches.

A *Vervins*, les fermiers sont tenus à toutes les réparations de menu entretien, y compris celles des couvertures. A *Aubenton et Wassigny*, il n'existe pas d'usage.

Obligations des fermiers entrants et sortants. — Logements

Le fermier sortant doit laisser à celui qui lui succède dans la culture les logements convenables et autres facilités pour les travaux de l'année suivante ; et réciproquement, le fermier entrant doit procurer à celui qui sort les logements convenables et autres facilités pour la consommation des fourrages et pour les récoltes restant à faire. Dans l'un et l'autre cas on doit se conformer à l'usage des lieux.

Le fermier entrant commence à prendre possession des bâtiments, après la remise de la sole en jachère, c'est-à-dire le 11 novembre de l'année qui précède celle de l'expiration du bail.

Le fermier sortant conserve la jouissance des deux dernières soles jusqu'au 11 novembre qui suit l'enlèvement de la dernière récolte. Il peut y faire champir son troupeau à la charge de laisser à la terre les engrais provenant de cette consommation. Il doit quitter définitivement le 23 avril suivant.

Un autre usage consiste à reculer l'entrée du nouveau fermier au 1er janvier qui précède la fin du bail et la sortie de l'ancien au 24 juin qui suit l'expiration de ce bail. Cette modification ne s'applique qu'à la remise des bâtiments et ne déroge pas à l'usage établi pour la remise des soles.

(Cet usage n'existe plus)

L'usage consiste à diviser en deux parts le corps de logis et des dépendances, ainsi que les bâtiments ruraux propres au logement des bestiaux et à l'engrangement des fourrages.

A *Vervins et Guise*, l'usage consiste à diviser en deux parts le corps de logis et ses dépendances, ainsi que les bâtiments ruraux propres au logement des bestiaux et à l'engrangement des fourrages.

Le fermier entrant prend possession d'un tiers ou de la moitié, suivant les besoins, à la Saint-Jean, et du surplus le 1er mars suivant.

Il n'y a pas d'usage dans les autres cantons.

Lorsque le fermier sortant a fait la dernière récolte, généralement le 1er octobre, il cède à son successeur la partie du corps de logis qu'il avait occupé jusque là pour reprendre celle cédée à ce dernier le 11 novembre ou le 23 avril précédent.

Pareille permutation a lieu pour les écuries de leurs bêtes d'attelage.

Le fermier sortant conserve la jouissance des granges jusqu'au 1er mai de l'année qui suit la dernière récolte, et jusqu'au 1er juin suivant celle des bergeries et étables abritant les bestiaux consommateurs.

Dans le canton de *Vervins* seulement, le fermier sortant conserve la jouissance des granges jusqu'au 1er mars de l'année qu'isuit la dernière récolte.

Remise de terres, jachères prairies

A la fin du bail et après l'enlèvement de la dernière récolte, les terres sont remises par le fermier sortant au fermier entrant en bon état de culture et d'amandement, le tiers de ces terres doit sortir de récoltes, après lesquelles il est d'usage d'ensemencer en blé.

Usage conforme dans les cantons de *Vervins, Aubenton, Hirson, Sains, Guise, La Capelle et Le Nouvion* ne signalent aucun usage.

Dans l'arrondissement tout entier, l'usage n'admet plus la jachère ; les ampouilles qui la remplacent et après lesquelles on ensemence en blé sont : les prairies artificielles, les fèves, les racines et les plantes oléagineuses.

(Usage conforme dans tous les cantons)

Le fermiere ntrant ne peut exiger de de jachère qu'autant qu'il en a été stipulé ; et lorsque cette stipulation existe, on considère comme tenant lieu de jachères lest erres récoltées en betteraves, féveroles, etc., équivalant au tiers de l'exploitation.

A *La Capelle*, la remise des pâturages doit être faite du moment où le fermier sortant ne peut plus utilement jouir par la mise en pâture des bestiaux ou lorsque l'excès d'humidité ne le permet plus, c'est-à-dire après novembre.

Le fermier peut transformer les prairies artificielles en terres labourables, et **vice-versa**, à charge de les remettre à la fin du bail dans l'état où il les a reçues.

Cet usage est reconnu dans les cantons de *Sains, Guise, Hirson*. La commission de *Sains* ajoute que fermier sortant doit laisser au nouveau la faculté de tenir proportionnellement à l'assolement des trèfles, minettes et luzernes dans les mars de la dernière récolte, mais en choisissant un temps opportun pour nuire le moins possible à cette récolte.

La commission de *Vervins* consacre un autre usage qui n'est consigné par aucune autre. Aux termes de cet usage, le fermier peut dissoler dans le cours du bail, mais il doit à la fin rendre les terres conformes à l'assolement du terroir pour éviter les enclaves de récoltes. Dans les cantons de *Sains, Guise et Hirson*, le fermier peut transformer les prairies artificielles en terres labourables, et *vice-versa*, à charge de les remettre à la fin du bail en l'état où il les a reçues.

Dans le canton de *La Capelle*, la remise des pâturages doit être faite au moment où le fermier ne peut plus utilement jouir par la mise en pâture des bestiaux, ou que l'excès d'humidité ne le permet plus.

Art. 1778. — Le fermier sortant doit aussi laisser les pailles et engrais de l'année, s'il les a reçus lors de son entrée en jouissance ; et, quand même il ne les aurait pas reçus, le propriétaire pourra les retenir suivant l'estimation.

Si le bail est muet, le fermier sortant ne doit les pailles et fumiers de la dernière récolte que dans le cas où il les a reçus en entrant, et la preuve incombe au propriétaire.

Si le bail dit au contraire que le fermier sortant doit rendre les pailles et fumiers suivant l'usage, il y a présomption qu'il les a reçus à son entrée et il doit les remettre à sa sortie.

Cet usage est admis à *Sains et à Guise*, et la commission de ce dernier canton ajoute que les mêmes pailles sont considérées comme fourrages.

Dans le canton de *Lz Capelle*, le fermier d'herbages doit laisser les foins et les engrais, s'il les a reçus. S'il n'a reçu ni fourrages ni engrais, il a droit, à sa sotie, d'enlever une quantité égale à celle qui a été consommée par les bestiaux pendant le temps qui a précédé la mise en pâturage.

Dans ce cas l'usage ancien était que le fermier sortant devait convertir en fumier toutes les pailles de l'année, et laisser ces engrais à son successeur. Mais il est généralement admis, depuis 1861, que le fermier sortant doit rendre un tiers desp ailles en nature, convertir un autre tiers en fumier qui appartient à la terre et que le dernier tiers lui est réservé.

Les commissions ne reconnaissent pas cet usage. Celle de *Sains* constate que tout marché de terre doit être fumé dans les quatre dernières années du bail, et par quart chaque année, en tenant compte des détritus provenant des prairies artificielles, des pacages, des engrais chimiques ou organiques, suivant leur valeur de compensation.

CHAPITRE II
Louage des Services

(Article 15 de la loi du 9 juillet 1889)

La durée de louage des domestiques et des ouvriers ruraux est, sauf preuve d'une convention contraire, réglée suivant l'usage des lieux. (Article 1er de la loi du 26 décembre 1890).

L'article 1780 du code civil est complété comme il suit .

Le louage du service fait sans détermination de durée peut toujours cesser par la volonté de l'une des parties contractantes.

Néanmoins, la résiliation du contrat par la volonté d'un seul des contractants peut donner lieu à des dommages-intérêts. Pour la fixation de l'indemnité à allouer le cas échéant, il est tenu compte des usages, de la nature des services engagés, du temps écoulé, des retenues opérées par des versements effectués en vue d'une pension de retraite et en général de toutes les circonstances qui peuvent justifier l'existence et déterminer l'étendue du préjudice causé.

Les parties ne peuvent renoncer à l'avance au droit éventuel de demander des dommages-intérêts en vertu des dispositions ci-dessus.

Les contestations auxquelles pourra donner lieu l'application des paragraphes précédents, lorsqu'elles seront portées devant les tribunaux civils et devant la Cour d'Appel, seront instruites comme affaires sommaires et jugées d'urgence.

Domestiques Urbains

Les domestiques attachés à la personne sont loués soit au mois, soit pour un temps indéterminé. Dans tous les cas, les maîtres et domestiques peuvent résilier à leur gré leur engagement, à condition soit de prévenir 8 jours d'avance, soit de payer ou de perdre le salaire représentatif de cette période de temps.

La commission de *Vervins* ajoute qu'en aucun cas, le domestique renvoyé ne peut réclamer aucune indemnité pour la nourriture et le logement, lorsque pour une cause quelconque il ne reste pas pour faire ses huit jours.

Dans le canton de *Vervins* les mêmes règles s'appliquent aux garçons de café, boucherie, boulangerie ou de magasins quelconques, aux employés divers ou commis, et en général à toutes personnes engagées sans durée déterminée.

Le paiement des gages se fait à la fin de chaque mois.

Serviteurs Ruraux

En ce qui concerne les domestiques et serviteurs attachés à une exploitation agricole, le louage est censé fait pour l'année entière qui court du 18 octobre (Saint Luc) pour les bergers et du 11 novembre (Saint-Martin) pour tous les autres.

A moins de motifs graves, ils ne peuvent quitter leur maître, ni leur maître les renvoyer, dans l'intervalle, sous peine d'une indemnité proportionnée au préjudice résultant de l'abandon ou du renvoi.

En ce qui concerne les domestiques, parcours et serviteurs attachés à une exploitation agricole, le louage est censé fait pour l'année entière qui court du 11 novembre. Dans certains cantons on fait une distinction pour les bergers. C'est ainsi que dans les cantons de *Vervins, Sains, Hirson, La Capelle*, leur année commence le 18 octobre. A *Guise et Wassigny*, le 9 octobre.

A moins de motifs graves, ils ne peuvent quitter leur maître, ni leur maître les renvoyer dans l'intervalle, sous peine d'une indemnité proportionnée au préjudice résultant de l'abandon ou du renvoi.

Exceptions : Les servantes sont généralement louées au mois, les parcours pour trois mois à compter de la Saint-Jean.

Les batteurs, faucheurs et bineurs sont à la tâche ; les manouvriers travaillent le plus ordinairement à la journée et quelquefois à la tâche.

Les servantes sont louées au mois ; quant aux parmaisons, les usages varient. Dans les cantons de *Wassigny*, *Aubenton*, ils sont au mois ; dans les autres cantons ils sont engagés pour trois mois, à compter de la Saint-Jean.

Dans les cantons de *Guise*, *Vervins*, *Wassigny*, *Aubenton*, *Hirson*, *La Capelle*, et *Sains*, les batteurs, faucheurs et bineurs sont à la tâche ; les manouvriers travaillent le plus ordinairement à la journée et quelquefois à la tâche.

A *Vervins*, l'engagement des faucheurs les lie pour toute la durée de la moisson ; celui des bineurs pour toute la durée des sarclages, sauf *Hirson*, *Le Nouvion* et *La Capelle* qui n'ont pas d'usage.

Le salaire est payé soit tous les mois, soit en deux termes, le 24 juin et le 11 novembre.

Le paiement se fait tout en argent, ou partie en argent, partie en grains.

Sauf de très rares exceptions, les servantes, bineurs et journaliers sont toujours payés tout en argent.

Dans les cantons de *Guise*, *Sains*, *Aubenton*, *La Capelle*, *Le Nouvion*, *Wassigny*, le salaire est payé soit tous les mois, soit en deux termes, le 24 juin et le 11 novembre. A *Hirson* il est d'usage de donner des acomptes, le règlement a lieu en fin d'année.

Au *Nouvion*, *Hirson*, *La Capelle*, *Wassigny*, tous les paiements sont faits en argent. A *Sains et La La Capelle*, les bineurs, journaliers et les servantes sont payés en argent ; les autres domestiques, partie en argent, partie en grains.

A *Aubenton*, les faucheurs sont payés patie en grains, partie en argent ; tous les autres le sont en argent.

Dans le canton de *Vervins*, les salaires des domestiques se paient partie en argent, partie en grains. La partie en argent se paie par acompte à la fin de chaque mois, en suivant la division de l'année indiquée plus loin ; la partie en grains, moitié au moment de la récolte, moitié au 11 novembre. Les bergers et les servantes sont payés en argent ; à titre de garantie pour l'exécution de leurs engagements, ils subissent la retenue du salaire du premier mois, de sorte que le premier paiement qui leur est fait n'a lieu qu'à la fin du second mois, et qu'ils reçoivent le salaire de 2 mois à la fin de leur engagement.

Les bineurs reçoivent des acomptes pendant la durée de leur travail ; mais ils ne sont réglés qu'après tous les sarclages terminés. Les faucheurs sont payés, en blé pour le blé, en argent pour tous autres travaux. On leur verse les acomptes, mais ils ne sont réglés définitivement que le 11 novembre.

En cas de départ, les domestiques ne peuvent exiger le règlement de leur compte qu'à l'époque fixée comme étant la fin de leur engagement ; en cas de renvoi le maître les règle au jour de leur départ.

Division de l'année

Le salaire fixé s'applique à l'année entière et se divise en 365 parties.

Pour les bergers et les servantes les gages se comptent jour par jour parce que le travail est à peu près uniforme toute l'année.

Pour les domestiques de charrue et les parcours, le salaire se répartit inégalement chaque mois suivant l'importance des travaux de chaque saison.

On compte dans les cantons de Vervins, Aubenton, Sains-Richaumont, Hirson et La Capelle.

Du onze novembre au onze décembre, 21 jours.

Du onze décembre au onze janvier, 20 jours.

Du onze janvier au onze février, 21 jours.

Du onze février au onze mars, 21 jours.

Du onze mars au onze avril, 30 jours.
Du onze avril au onze mai, 30 jours.
Du onze mai au onze juin, 31 jours.
Du onze juin au 11 juillet, 30 jours.
Du onze juillet au onze août, 40 jours.
Du onze août au onze septembre, 40 jours.

Du onze septembre au onze octobre, 40 jours.

Du onze octobre au onze novembre, 41 jours.

Ensemble : 365 jours.

Dans le canton de Guise, on compte trois périodes :

La première du onze novembre au onze mars.

La deuxième du onze mars au onze juillet.

La troisième du onze juillet au onze novembre.

On augmente généralement de 5 francs par mois le salaire de chaque période.

Par exemple :

35 francs du onze novembre au onze mars.

40 francs du onze mars au onze septembre.

45 francs du onze septembre au onze novembre.

On compte généralement dans le canton de La Capelle :

Du onze novembre au onze décembre, 15 jours.

Du onze décembre au onze janvier, 15 jours.

Du onze janvier au onze février, 15 jours.

Du onze février au onze mars, 15 jours.

Du onze mars au onze avril, 30 jours.

Du onze avril au onze mai, 30 jours.
Du onze mai au onze juin, 30 jours.
Du onze juin au onze juillet, 45 jours.
Du onze juillet au onze août, 50 jours.
Du onze août au onze septembre, 50 jours.
Du onze septembre au onze octobre, 40 jours.
Du onze octobre au onze novembre, 30 jours.
Ensemble : 365 jours.

Dans le canton de *Wassigny* on paie au mois un prix fixé d'avance. Pour les jardiniers, cet usage est admis dans les cantons d'*Aubenton, du Nouvion*. Dans les autres cantons il n'y a pas d'usage.

Dans le canton du Nouvion, pour les domestiques de fermes agricoles, les gages se comptent jour par jour.

Il en est autrement pour les domestiques de fermes herbagères, pour lesquels le salaire se répartit inégalement chaque mois suivant l'importance des travaux de chaque saison, mais aucune règle fixe de répartition n'existe.

Pour les jardiniers on compte :
Du onze novembre au onze février, 60 jours.
Du onze février au onze mars, 30 jours.
Du onze mars au onze octobre, 245 jours.
Du onze octobre au onze novembre, 30 jours.
Ensemble : 365 jours.

Livrets

Depuis la fondation des comices, l'usage du livret tend à se régulariser et beaucoup de cultivateurs l'imposent aujourd'hui à leurs ouvriers, à l'avantage des deux parties d'ailleurs.

Le livret est un usage dans les cantons de *Vervins* et de *Sains-Richaumont*. Il est peu répandu dans ceux de *Guise, La Capelle* et *du Nouvion*, et pas en usage dans ceux d'*Aubenton, d'Hirson* et de *Wassigny*.

CHAPITRE III

Parcours
et Vaines Pâtures

Art. 1er de la loi du 9 juillet 1889 (modifiée par celle du 22 juin 1890). — Le droit de parcours est aboli ; la suppression de ce droit ne donne lieu à indemnité que s'il a été acquis à titre onéreux.

Le montant de l'indemnité est réglé par le conseil de préfecture, sauf renvoi aux tribunaux ordinaires en cas de contestations sur le titre.

Art. 2e (modifié par la loi du 22 juin 1890.) — Le droit de vaine pâture appartenant à la généralité des habitants et s'appliquant en même temps à la généralité du territoire d'une commune cessera de plein droit un an après la promulgation de la présente loi.

Toutefois dans l'année de cette promulgation, le maintien du droit de vaine pâture fondé sur une ancienne loi ou coutume, sur un usage immémorial ou sur un titre, pourra être réclamé au profit d'une commune ou d'une section de commune, soit par délibération du conseil municipal, soit par requête d'un ou plusieurs ayants-droit adressée au Préfet.

En cas de réclamation particulière, le conseil municipal sera mis en demeure de donner son avis dans les six mois. A défaut de quoi il sera passé outre.

Si la réclamation, de quelque façon qu'elle se soit produite, n'a pas été dans l'année de la promulgation l'objet d'une décision, conformément aux dispositions du paragraphe 1er de l'article 3e de la loi du 9 juillet 1889, la vaine pâture continuera à être exercée jusqu'à ce que cette décision soit intervenue.

Art 3e. — La demande de maintien, qu'elle émane d'un conseil municipal ou qu'elle émane d'un ou plusieurs ayants-droit, sera soumise au Conseil général dont la délibération sera définitive si elle est conforme à la délibération du conseil municipal. S'il y a divergence la question sera tranchée par décret rendu en Conseil d'Etat.

Si le décret de vaine pâture a été maintenu, le conseil municipal pourra ultérieurement après enquête « de commodo et incommodo » en proposer la suppression sur laquelle il sera statué dans les formes ci-dessus indiquées.

Art 4e. — La vaine pâture s'exercera soit par un troupeau séparé, soit au moyen du troupeau en commun, conformément aux usages locaux, sans qu'il puisse être dérogé aux dispositions des articles 647-649 du code civil et aux règles expressément établies par la présente loi.

Art. 5e (modifié par la loi du 22 juin 1890). — Dans aucun cas et dans aucun temps, la vaine pâture ne peut s'exercer sur les prairies artificielles.

Le rétablissement de la vaine pâture sur les prairies naturelles, supprimé de plein droit par la loi du 9 juillet 1889, pourra être réclamée dans les conditions où elle s'exerçait antérieurement à cette loi, et en se conformant aux dispositions édictées par les articles précédents.

Elle ne peut avoir lieu sur aucune terre ensemencée ou couverte d'une production quelconque faisant l'objet d'une récolte tant que la récolte n'est pas enlevée.

Art. 6e. — Le droit de vaine pâture établi comme il est dit en l'art. 2e ne fait jamais obstacle à la faculté que conserve tout propriétaire soit d'user d'un nouveau mode d'assolement ou de culture, soit de se clore. Tout terrain clos est affranchi de vaine pâture. Est réputé clos tout terrain entouré soit par une haie vive, soit par un mur, une palissade, un treillage, une haie sèche d'une hauteur de 1 mètre au moins, soit par un fossé de 1 m. 20 à l'ouverture et 0 m. 50 de profondeur, soit par des traverses en bois ou des fils métalliques distants entre eux de 0 m. 33 au plus et s'élevant à 1 m. de hauteur, soit par toute autre clôture continue et équivalente faisant obstacle à l'introduction des animaux.

Art. 7e. — L'usage du troupeau en commun n'est pas obligatoire. Tout ayant-droit peut renoncer à cette communauté et faire garder par troupeau séparé le nombre de têtes de bétail qui lui est attribué par la répartition générale.

Art. 8e. — La quantité de bétail proportionné à l'étendue du terrain de chacun est fixée dans chaque commune ou section de commune entre tous les propriétaires ou fermiers exploitants, domiciliés ou non domiciliés à tant par tête par hectare d'après les règlements et usages locaux. En cas de difficulté il y est pourvu par délibération du conseil municipal soumis à l'approbation du Préfet.

Art. 9e. — Tout chef de famille domicilié dans la commune, alors même qu'il n'est ni propriétaire ni fermier d'une parcelle quelconque des terrains soumis à la vaine pâture, peut mettre sur lesdits terrains, soit par troupeau séparé, soit dans le troupeau commun, six bêtes à laine et d'une vache avec son veau sans préjudice des droits plus étendus qui lui seraient accordés par l'usage local ou le titre.

Art. 10e. — Le droit de vaine pâture doit être directement exercé par les ayants-droit et ne peut être cédé à personne.

Art. 11e. — Les conseils municipaux peuvent toujours, conformément aux articles 68 et 69 de la loi du 5 avril 1884, prendre des arrêtés pour réglementer le droit de vaine pâture, notamment pour en suspendre l'exercice en cas d'épizootie, de dégel ou de pluies torrentielles, pour cantonner les troupeaux de différents propriétaires ou les animaux d'espèces différentes. pour interdire la présence d'animaux dangereux ou malades dans les troupeaux.

Art 12e (modifie par la loi du 22 juin 1890). — Néanmoins la vaine pâture fondée sur un titre et établie sur un héritage déterminé , soit au profit d'un ou de plusieurs particuliers, soit au profit de la généralité des habitants d'une commune, est maintenue et continuera à s'exercer conformément aux droits acquis ; mais le propriétaire de l'héritage grevé pourra toujours s'affranchir, soit moyennant une indemnité fixée à dire d'experts, soit par voie de cantonnement.

Dans le canton de *La Capelle* le droit de vaine pâture a disparu entièrement.

Dans le canton de *Sains* la vaine pâture existe encore réglementée par les délibérations des conseils municipaux.

Dans le canton du *Nouvion* il n'existe que dans la seule commune de Fesmy.

Dans le canton d'*Hirson* il n'existe qu'à *Saint-Michel*. Dans le canton de *Wassigny* il n'existe qu'à *Etreux*. Dans le canton d'*Aubenton* la commission constate que dans certaines communes la vaine pâture a été abolie, que dans d'autres son maintien est demandé et que dans d'autres où elle a été abolie on la tolère encore.

Dans le canton de *Guise* la vaine pâture a été maintenue avec des règlements particuliers pour les communes de *Bernot, Macquigny, Noyales et Proix* et sans règlement à *Lesquielles-Saint-Germin, Flavigny-le-Grand, Malzy, Proisy et Vadencourt*.

Le pâturage des terres est réservé aux bêtes à laine ou aux porcs, celui des prairies aux bêtes à cornes.

Le nombre de bêtes par hectare est fixé comme suit :

A *Macquigny et Proix*, 6 bêtes à laine pour un hectare de terre.

A *Bernot* la vaine pâture s'exerce moyennant une redevance à la commune pour les races bovine, asine et chevaline, dans la prairie communale, dès le printemps, et après la récolte dans moitié des prés des particuliers avec alternance biennale de façon que chaque propriétaire abandonne ses regains une année sur deux aux pâturages communs.

A *Noyales* la vaine pâture s'exerce sur les prairies communales seulement pour les bêtes à cornes jusqu'au 31 octobre, et pour les moutons du 1er au 30 novembre.

Dans le canton de *Vervins*, la vaine pâture n'existe plus que dans les communes de *Saint-Algis, Haution, Lugny et Prisces*.

A *Saint-Algis*, elle est réglementée par un arrêté municipal du 3 juillet 1893, lequel stipule les prescriptions suivantes :

Les bêtes à cornes, chevaux et poulains, doivent être conduits ou surveillés par le pâtre communal dans la prairie aussitôt la première récolte enlevée. Elle commence le 10 juillet et dure deux mois.

Le troupeau commun est conduit à la prairie de 6 heures du matin à 7 heures du soir. Les chevaux et poulains confiés au pâtre communal ne doivent pas être ferrés des pieds de derrière. Les cornes des bêtes à cornes doivent être rendues inoffensives.

L'arrêté est muet sur le nombre de têtes de bétail que chaque propriétaire ou fermier a droit de faire paître.

A *Haution*, la vaine pâture a été maintenue dans cette commune, par délibération du conseil municipal du 19 avril 1890 appouvée par le conseil général de l'Aisne les 20 et 23 août 1890, et est restée réglementée par un arrêté du maire en date du 6 juin 1866, lequel stipule les prescriptions suivantes :

Tout propriétaire ou fermier peut mettre à la vaine pâture soit par troupeau en commun, soit par troupeau séparé cinq moutons ou brebis par hectare de terrain non clos qu'il possède ou exploite dans la commune. La vaine pâture est interdite la nuit depuis le coucher jusqu'au lever du soleil et ne peut s'exercer dans les héritages clos, dans les prairies artificielles, ni sur les terres ensemencées ou couvertes de quelque production que ce soit. Les troupeaux ne peuvent être conduits dans les champs moissonnés que deux jours après l'enlèvement complet de la récolte. (Voir plus loin glanage et râtelage). Les chèvres conduites isolément aux champs doivent être attaché s.

L'arrêté est muet sur le nombre de bêtes à cornes que chaque propriétaire ou fermier a le droit de faire paître, il ne parle que des moutons.

A *Lugny*, la vaine pâture a été réglementée par une délibération du conseil municipal de 1863 qui stipule les prescriptions suivantes :

Le pâtre communal est tenu de conduire les bêtes confiées à sa garde aussitôt la récolte des foins faite de 5 heures du matin à 10 h. 1/2 et de 1 h. 1/2 au coucher du soleil. A partir du 1er octobre il part à 8 heures du matin et rentre le soir à 4 heures. Il conduit son troupeau à la prairie jusqu'à l'époque où la saison le permet, mais au moins jusqu'au 1er décembre. Il est responsable des dégâts commis par son troupeau.

Avant d'entrer à la prairie les bêtes à cornes doivent avoir les cornes émouchées. Les poulains, ânes et mulets doivent avoir les pieds de derrière déferrés. Pour chaque bête à cornes ou génisse , le pâtre touche 0 fr. 40 par mois et 0 fr. 50 par cheval, poulain, âne et mulet pour le mois d'août : il reçoit pour tout paiement 20 litres de blé par chaque animal ; les poulains et génisses de l'année qui ne fréquentent la prairie que le 1er octobre ne doivent pas de blé.

L'arrêté est muet sur le nombre de têtes de bétail que chaque propriétaire ou fermier a le droit de faire paître.

A *Proces*, la vaine pâture a été réglementée dans cette commune par un arrêté du maire en 1893 qui stipule les prescriptions suivantes :

Tout propriétaire de pré non clos dans la prairie de Proces ne peut conduire à la vaine pâture que 6 bêtes à cornes par hectare.

Celui qui possède moins d'un hectare a le droit d'envoyer des bestiaux en suivant les proportions ci-après et ce sans porter préjudice aux droits résultant de l'article 9 de la loi du 9 juillet 1889 :

De 25 à 40 ares : 2 bêtes.
De 41 à 56 ares : 3 bêtes.
De 57 à 72 ares : 4 bêtes.
De 73 à 88 ares : 5 bêtes.
De 89 à 104 : 6 bêtes.
Et ainsi de suite.

La vaine pâture commence le 1er juillet sans toutefois qu'elle puisse nuire à l'enlèvement de la récolte et cesse le 31 décembre de chaque année. Les prés à deux herbes existant dans la prairie communale, lieudit la maison de Pierre, ne sont soumis à la vaine pâture qu'à partir du 1er octobre de chaque année ; jusqu'à cette époque les propriétaires peuvent faire des récoltes ce qu'ils veulent. Le pâtre communal reçoit 10 kgr. de blé et 1 fr. 25 par tête de bétail conduite à la pâture : pour les veaux de l'année qui ne lui sont confiés qu'après le 1er septembre, il ne reçoit que 1 fr. 25 par veau.

La vaine pâture est régie aujourd'hui par la loi du 9 juillet 1889 (modifiée par celle du 22 juin 1890, — texte ci-dessus), par les délibérations des conseils municipaux et les arrêtés des maires dont nous publions plusieurs types, enfin par les usages locaux constatés ci-dessus et déterminant :

1o Le nombre de têtes de bétail par hectare ; au moins jusqu'à délibération du conseil municipal la proportion est en général de 3 à 7 moutons.

2o L'exclusion de certaines espèces d'animaux ou les considérations de leur admission, oies, chèvres, porcs, etc.

3o La réglementation du droit du pauvre, qui en aucun cas ne peut être plus étendu que celui que lui réserve la loi.

4o Enfin le mode d'exercice de la vaine pâture en général pour toutes les règles qui ne sont pas expressément prescrites par la loi, le conseil municipal ou le maire.

CHAPITRE IV

Glanage, Râtelage Grappillage

Art. 21 du titre onze de la loi du 6 octobre 1791. — Les glaneurs, les râteleurs et les grappilleurs dans les lieux où les usages de glaner ou de grappiller sont reçus, n'entreront dans les champs, prés et vignes, récoltés et ouverts, qu'après l'enlèvement entier des fruits. En cas de contravention, les produits du glanage seront confisqués et suivant les circonstances il pourra y avoir lieu à la détention de police municipale.

Le glanage, le râtelage et le grappillage sont interdits dans tout enclos rural, tel qu'il est défini à l'article 6 de la quatrième section du premier titre du présent décret.

Le grapillage n'existe plus dans l'arrondissement. Le râtelage est supprimé dans les cantons du *Nouvion*, *Hirson* et *Aubenton*.

Le glanage existe partout.

Dans les cantons de *La Capelle*, *Le Nouvion*, *et Wassigny* il n'existe aucun arrêté municipal. Dans le canton d'*Aubenton*, les arrêtés municipaux interdisent le glanage avant l'enlèvement de la récolte.

Dans les cantons de *Sains Hirson et de Guise* le glanage ne peut être pratiqué que sous la surveillance du garde-champêtre. A *Hirson* il n'est accordé qu'aux indigents et à *Guise* qu'aux femmes et aux enfants de moins de 15 ans et aux vieillards munis d'une carte ou d'un permis de glanage. Dans ce dernier canton les bergers ne peuvent conduire leurs troupeaux sur les terres nouvellement moissonnées que deux jours après l'enlèvement de la récolte.

Dans le canton de *Vervins*, le glanage et le râtelage sont réglementés dans chaque commune par des arrêtés chaque année avant la moisson : d'autres ont pris sur cette matière des arrêtés permanents, savoir :

Haution. — Par arrêté pris le 20 juillet 1843, il faut pour glaner et râteler une autoisation du maire, les glaneurs et les râteleurs doivent être accompagnés et dirigés par le garde-champêtre : les râteleurs ne peuvent se servir dans les prés et les prairies artificielles de râteaux à dents de fer : les glaneurs et râteleurs ne peuvent traverser les terres couvertes de javelles et dont les récoltes sont encore sur pied.

. On ne peut conduire paître les troupeaux sur les terres nouvellement moissonnées que deux jours après l'enlèvement des récoltes.

Lugny. — Par arrêté pris le 12 juin 1847, le glanage et le râtelage sont réglementés par les mêmes dispositions que celles contenues dans l'arrêté pris par la commune d'Haution, relaté plus haut : mais postérieurement tous les habitants de commune ont été autorisés à glaner et à râteler.

Vervins.— Par arrêté pris le 27 juin 1875, nul ne peut glaner avant le lever et après le coucher du soleil et sans être porteur d'un certificat du maire : on ne peut faire paître les troupeaux ni les bestiaux d'aucune espèce dans les champs moissonnés que deux jours après l'enlèvement de la récolte.

Hary. — Aucun arrêté permanent n'a été pris, mais il est d'usage que chaque année au moment de la moisson on dresse une liste des glaneurs et que ceux-ci soient cantonnés dans les prés et prairies artificielles, interdiction de se servir de râteaux à dents de fer, les glaneurs et râteleurs ne peuvent traverser les terres couvertes de javelles ou dont les récoltes sont encore sur pied : on ne peut conduire paître les troupeaux sur les terres nouvellement moissonnées que deux jours après l'enlèvement des récoltes.

Laigny. — Par arrêté du 6 août 1854 le glanage et le râtelage sont réglementés par les mêmes prescriptions que celles contenues dans l'arrêté pris par la commune d'Haution, mais auxquelles il y a lieu d'ajouter les règles suivantes. Le glanage et le râtelage ont lieu de 7 heures du matin au coucher du soleil.

Landouzy-la-Cour. — Par arrêté du 6 juillet 1893, le glanage a lieu de 6 heures du matin à 7 heures du soir.

Les glaneurs ne peuvent glaner que munis d'une autorisation du conseil municipal, en troupe et seulement sur les terres qui leur sont indiquées, les glaneurs ne peuvent traverser les terres couvertes de javelles et dont les récoltes sont encore sur pied. On ne peut conduire paître les troupeaux sur les terres que deux jours après l'enlèvement complet des récoltes.

Gronard. — Par arrêté du 11 juillet 1895, on ne peut glaner qu'autorisé par le maire : le glanage ne peut avoir lieu qu'après l'enlèvement complet des récoltes dans les petites pièces et dès qu'une partie est enlevée dans les grandes pièces et du lever au coucher du soleil. Dans le cas de nécessité les glaneurs doivent venir en aide aux cultivateurs chez lesquels ils sont cantonnés sous peine d'être exclus de la liste des glaneurs. On ne peut mener paître que deux jours après les récoltes enlevées : il en est de même des porcs.

Rogny. — Par arrêté du 8 juillet 1865, les glaneurs sont conduits en une seule troupe par le garde-champêtre du lever au coucher du soleil : on ne peut faire paître les troupeaux sur les terres que deux jours après les récoltes enlevées.

La Vallée-aux-Bleds. — Par arrêté du 26 juillet 1844, le glanage et le râtelage sont réglementés par les mêmes prescriptions que celles contenues dans l'arrêté pris par la commune d'Haution avec cette mention qu'ils ont lieu du lever au coucher du soleil.

Thenailles — Par arrêté du 8 juillet 1836, nul ne peut glaner que muni d'une autorisation spéciale, dans les champs non clos et après enlèvement complet de la récolte en présence du garde-champêtre ou des popriétaires du lever au coucher du soleil et seulement à la main. On ne peut mener paître les troupeaux que deux jours après l'enlèvement complet de la récolte.

CHAPITRE V

Enlèvement des terres, gazons et pierres appartenant aux communes

Art. 44 du titre 2 de la loi du 6 octobre 1796. — Les gazons, les terres ou les pierres des chemins publics ne pourront être enlevés en aucun cas, sans l'autorisation du directoire du département. Les terres ou matériaux appartenant aux communes ne pourront également être enlevés si ce n'est par suite d'un usage général établi dans la commune pour les besoins de l'agriculture et non aboli par une délibération du Conseil général.

Celui qui commettra un de ces délits, en outre de la réparation des dommages sera condamné, suivant la gravité des circonstances, à une amende qui ne pourra excéder vingt-quatre livres ni être moindre de trois livres ; il pourra de plus être condamné à la détention de police municipale.

Il n'existe aucun usage dans l'arrondisment.

CHAPITRE VI

Chasse

Dans le canton de Vervins on signale les usages suivants :

Baux. — La durée du bail est déterminée par les arrêtés prononçant l'ouverture et la fermeture de la chasse, mais pour les bois, le bail prend toujours fin le 15 avril.

Permission de chasse. — Les permissions de chasse ou les autorisations tacites sont valables tant qu'elles n'ont pas été révoquées.

Invitations de chasse. — Les invitations de chasse sont valables pour une fois ou un jour déterminés.

Les animaux constituant le gibier sont : le lièvre, le lapin, le chevreuil, le sanglier, la perdrix, la caille, la grive, l'alouette, le râle, la poule d'eau, la bécasse, la bécassine, le faisan, le vanneau.

Les engins et moyens de chasse sont : le fusil, le miroir pour l'alouette, le chien, le furet.

La poursuite et la capture sont permises lorsque le gibier blessé à mort est allé tomber sur la propriété d'autrui.

Cet usage signalé par la commission d'Hirson paraît appliqué dans tous les cantons.

Loi du 19 Avril 1901
relative à la réparation des dommages causés
aux récoltes par le gibier

Article 1. — Les juges de paix connaissent de toutes les demandes en réparation de dommage causé par le gibier en dernier ressort si la demande n'est pas supérieure à trois cents francs, à charge d'appel si elle excède ce chiffre, quel qu'en soit le montant ou si elle est indéterminée.

S'il est formé une demande reconventionnelle en dommages-intérêts, il sera statué sans appel, si la demande principale est de la compétence du juge de paix en dernier ressort.

Article 2. — Lorsque plusieurs intéressés forment leur demande pour le même exploit il est statué en premier ou en dernier ressort à l'égard de chacun des demandeurs d'après le montant des dommages-intérêts individuellement réclamés.

Article 3. — Nonobstant toute exception préjudicielle le juge de paix compétent sur le fond peut ordonner des mesures d'instruction.

Article 4. — Les jugements ordonnant des mesures d'instruction peuvent être déclarés exécutoires par provision sans caution nonobstant opposition ou appel.

Article 5. — Les actions en réparation du dommage causé aux récoltes par le gibier se prescrivent par six mois à partir du jour où les dégâts ont été commis.

CHAPITRE VII

Usufruit

(Art 586, 590 et 593 du code civil)
Partage des fruits civils entre usufruitier
et nu-propriétaire

Art. 586. — Les fruits civils sont réputés s'acquérir jour par jour, et appartiennent à l'usufruitier à propos de la durée de son usufruit. Cette règle s'applique aux prix des baux à ferme comme aux loyers des maisons et aux autres fruits civils.

Il n'existe aucun usage local, sauf dans le canton de Guise où, pour les baux à ferme, l'année commence le 4 novembre, et le fermage s'acquiert à partir de cette date, quelle que soit la date fixée pour le paiement du fermage. La commission, ne considérant pas cet usage comme constant, émet l'avis de le supprimer.

Usufruit des bois taillis et des pépinières

Art. 590. — Si l'usufruit comprend des bois taillis, l'usufruitier est tenu d'observer l'ordre et la quotité des coupes conformément à l'aménagement et à l'usage constant des propriétaires, sans indemnité toutefois en faveur de l'usufruitier ou de ses héritiers pour les coupures ordinaires, soit de taillis, soit de baliveaux, soit de futaie qu'il n'aurait pas faites pendant la jouissance.

Les arbres qu'on peut tirer d'une pépinière sans la dégrader ne font aussi partie de l'usufruit qu'à la charge par l'usufruitier de se conformer aux usages des lieux, pour le remplacement.

Les coupes se font tous les 5 à 12 ans pour les essences de bois tendre et tous les 12 à 20 ans pour les essences de bois dur suivant la nature du sol.

Les réserves sont d'ordinaire par hectare de 50 à 60 baliveaux, 16 modernes et 8 anciens.

Les usages varient suivant chaque canton :

A *Vervins*, les coupes sont de 5 à 10 ans pour les essences de bois dur et selon la nature du sol.

A *La Capelle*, 15 à 16 ans dans les bois communaux, 20 à 25 ans dans les bois des particuliers, de 8 à 12 ans dans les bosquets.

A *Sains-Richaumont*, de 9 à 20 ans dans les bois et de 5 à 12 ans dans les bosquets.

Au *Nouvion* et à *Hirson*, il n'existe pas d'usage particulier.

A *Aubenton*, les coupes sont de 8 à 12 ans pour les essences de bois tendre et de 15 à 20 ans pour les bois durs.

A *Guise*, les coupes de bois taillis sont de 9 à 12 ans.

A *Wassigny*, les coupes sont de 5 à 12 ans, pour les essences de bois tendre et de 12 à 20 ans pour les bois durs.

Mêmes variations pour ce qui concerne les réserves :

A *Vervins*, les réserves sont de 100 à 125 baliveaux par hectare et de 16 modernes et 8 anciens.

A *La Capelle*, la réserve est de 50 à 60 baliveaux, 16 modernes, 8 anciens.

A *Aubenton*, simplement de 80 baliveaux à chaque coupe.

Au *Nouvion*, *Sains*, *Guise* et *Hirson*, il n'existe aucun usage régulier pour les réserves.

Pépinières

L'usufruitier d'une pépinière peut employer les arbres et en extraire chaque année à peu près la même quantité, à charge de les remplacer au fur et à mesure et de rendre à la fin de l'usufruit la pépinière dans l'état où il l'a prise.

La Capelle, *Sains*, *Guise* et *Le Nouvion* n'ont pas d'usage.

Dans le canton de *Vervins*, l'usufruitier peut prendre chaque année les sujets en âge d'être employés, sans être tenu à les remplacer.

Au *Nouvion*, *Aubenton*, *Wassigny*, l'usufruiter doit remplacer les arbres qu'il extrait chaque année au fur et à mesure par des sujets plus jeunes.

Usuf oit des hauts bois, Emondes, Echalats Bois mort

Art. 593. — L'usufruitier peut prendre dans les bois des échalas pour les vignes ; il peut aussi prendre sur les arbres des produits annuels ou périodiques, le tout suivant l'usage du pays ou la coutume des propriétaires.

L'usufruitier peut prendre sur les arbres les produits annuels tels que glands, faînes et autres fruits, il peut prendre les produits de l'élagage.

Les bois tendres tels que peupliers, saulnes et aulnes sont élagués tous les 3 à 6 ans.

Les essences de bois dur, telles que les ormes et les frênes sont émondés tous les 5 à 7 ans.

Les plants d'oseraie sont coupés chaque année.

Quant aux haies, elles sont taillées latéralement tous les ans ou tous les trois ans, mais la bouture a lieu comme pour les arbres.

L'élagage et l'émondage se font du 1er octobre au 1er avril.

L'usufruitier peut prendre sur les arbres les produits annuels, tels que glands, faînes et autres fruits, il peut prendre également les produits de l'élagage.

Dans les bois et forêts, l'élagage ne se fait qu'au moment de la coupe.

Pour les autres arbres, dans le canton de *Vervins*, *Guise*, *Hirson* et *Wassigny*, l'élagage se fait de la manière suivante :

Les bois tendres tels que peupliers, saulnes et aulnes sont élagués tous les 3 à 6 ans, les bois durs tels que ormes et frênes tous les 5 à 7 ans.

A *Aubenton*, l'usage est le même pour les bois tendres, mais l'élagage n'est poussé que jusqu'aux 2/3 de la hauteur de l'arbre ;

Pour les bois durs, il n'existe pas d'usage fixe.

A *Sains-Richaumont*, l'usage n'est déterminé que pour les peupliers ,lesquels sont élagués tous les 3 ans, jusqu'aux 2/3 de leur hauteur ; les saules sont coupés à têtes à environ 2 m. 50 de hauteur.

Au *Nouvion*, les peupliers sont élagués après 3 ans de jet ; tous les autres arbres se trouvant dans les haies, après 6 ans de pousse.

A *La Capelle*, l'usage ne fait pas de distinction entre les différentes essences de bois et ne détermine pas le nombre d'années de pousse pour l'élagage, sauf pour les tétarts (arbres coupés à têtes) qui se bottent tous les 5 à 7 ans.

Les plants d'oseraie sont coupés chaque année : à La Capelle on fait une distinction pour les osiers destinés aux gros ouvrages de vannerie, (bâtons qui sont coupés à 2 ans). En ce qui concerne les haies, les usages varient suivant les cantons.

Vervins. — On distingue. S'il s'agit d'une haie tendue, elle doit être taillée latéralement et récepée, c'est-à-dire ramenée à sa hauteur tous les ans.

S'il s'agit d'une haie montante, elle doit être taillée latéralement tous les 3 ans au plus, et récépée au plus tôt de 3 à 6 ans.

L'élagage et l'émondage des haies, comme celui des arbres, sont faits du 1er octobre au 15 avril ; l'atonte des haies se fait avant le 15 juillet.

Guise, *Hirson*. — Les haies sont taillées latéralement tous les ans ou tous les 3 ans ; la bouture a lieu comme pour les arbres, c'est-à-dire de 3 à 6 ans pour les bois tendres, de 5 à 7 ans pour les bois durs.

Sains-Richaumont. — Les haies sont taillées latéralement tous les ans ou tous les 3 ans ; la bouture a lieu comme pour les arbres, c'est-à-dire de 3 à 6 ans pour les bois tendres et de 5 à 7 ans pour les bois durs. Les haies entre jardins potagers sont récépées tous les ans, les autres tous les 3 ans.

Wassigny et Aubenton. — Les haies sont taillées latéralement tous les ans, la bouture a lieu tous les 3 ans.

Le Nouvion-en-Thiérache. — Les haies sont taillées latéralement tous les 3 ans, la bouture a lieu tous les 6 ans.

La Capelle. — L'élagage latéral a lieu tous les ans et tous les 3 ans, la bouture tous les 5 à 7 ans.

Les usufruitiers ont droit au bois mort.

Dans certains cantons le bois mort est abandonné aux indigents.

Dans le canton de *Vervins*, l'usufruiter a droit au bois des branches mortes, le tronc des arbres appartient au nu-propriétaire.

Dans les cantons d'*Aubenton*, *du Nouvion*, *de Sains-Richaumont*, *Wassigny*, *et Guise*, l'usufruitier a droit aux bois morts sans distinction.

A *Hirson*, l'usufruitier n'a droit au bois des arbes morts qu'à la charge de remplacer.

A *La Capelle*, l'usufruitier a également droit au bois mort et n'est tenu au remplacement que s'il s'agit d'arbres fruitiers.

CHAPITRE VIII

Eaux courantes

(Art 644 et 645 du Code civil. Loi du 14 Floréal an XI)

Usage des eaux courantes

Art. 644. — Celui dont la propriété borde une eau courante autre que celle qui est déclarée dépendance du domaine public par l'article 538, au titre de la distinction des biens, peut s'en servir à son passage pour l'irrigation de ses propriétés.

Celui dont cette eau traverse l'héritage peut même en user dans l'intervalle qu'elle y parcourt, mais à la charge de la rendre à la sortie de ses fonds à son cours ordinaire.

Art. 645. — S'il s'élève une contestation entre les propriétaires auxquels ces eaux peuvent être utiles, les tribunaux en prononçant doivent concilier l'intérêt de l'agriculture avec le respect dû à la propriété ; et, dans tous les cas, les règlements particuliers et locaux sur le cours et l'usage des eaux doivent être observés.

Une seule commission cantonale a signalé en 1861 que les riverains des cours d'eau non flottables ou navigables retiennent ces eaux, les épuisent, les salissent sans compte aucun. Certains riverains pratiquent même le colmatage, c'est-à-dire qu'ils amènent sur des terrains bas les eaux troubles dont le limon exhausse le niveau des terres ainsi rendues à la culture.

Il n'existe aucun usage dans l'arrondissement.

Curage et faucadrement

Il sera pourvu au curage des canaux et rivières non navigables et à l'entretien des digues et ouvrages d'art qui y correspondent de la manière prescrite par les anciens règlements ou d'après les usages locaux.

Il n'existe pas d'usage local, c'est l'ordonnance du 11 mars 1818 et l'arrêté préfectoral du 21 février 1863 pris en vertu de cette ordonnance qui en règlent la nature.

Il n'existe aucun usage dans l'arrondissement.

———

CHAPITRE IX

Clôtures

(Article 663 du Code civil)

Chacun peut contraindre son voisin, dans les villes et faubourgs, à contribuer aux constructions et réparations de la clôture faisant séparation de leurs maisons, cours et jardins assis aux dites villes et faubourgs : la hauteur de la clôture sera fixée suivant les réglements particuliers ou les usages constants et reconnus et à défaut d'usages et de règlements, tout mur de séparation entre voisins qui sera construit ou rétabli à l'avenir doit avoir au moins trente-deux décimètres (10 pieds) de hauteur, compris le chaperon dans les villes de cinquante mille âmes et au-dessus et vingt-six décimètres (huit pieds) dans les autres.

MURS

En général, ce sont les dispositions de cet article qui sont la règle commune. Dans plusieurs cantons les murs de clôture sont de hauteur très différentes et n'ont pas d'épaisseur déterminée, surtout dans les campagnes. En ville, s'il surgit une difficulté, la loi est appliquée.

Dans d'autres cantons l'obligation de se clore se règle par l'article 270 de la coutume du Vermandois qui exige pour les murs de clôture une hauteur minima de 9 pieds de roi ou 3 mètres. On peut s'exonérer de l'obligation de contribuer aux frais de clôture en abandonnant à celui qui peut se clore la moitié du terrain sur lequel le mur doit être édifié, terrain qui devient la propriété exclusive de celui qui a fait édifier le mur.

L'usage veut que le mur mitoyen ait 35 centimètres d'épaisseur.

Dans un canton enfin, chaque voisin est tenu de réparer les clôtures communes suivant leur ancienne hauteur conformément à la coutume de Paris qui faisait loi dans les contrées soumises à la coutume du Vermandois, lorsque cette coutume était muette.

Il n'existe pas d'usage dans les cantons de *Guise, La Capelle, Hirson, Le Nouvion, Sains* et *Wassigny*.

Dans le canton de *Vervins*, l'usage veut que le mur de clôture mitoyen jusqu'à la hauteur fixée par l'article 663 du code civil ait 35 centimètres d'épaisseur.

Dans la commune d'*Aubenton*, mais dans l'agglomération centrale seulement, les murs doivent avoir une hauteur de 3 mètres. Dans les faubourgs et les autres communes les murs ont ordinairement 2 mètres de hauteur y compris le chaperon.

A *Aubenton*, le mur mitoyen doit avoir 0 m. 35 d'épaisseur, à *Sains-Richaumont*, 0m . 34. Dans les cantons de *Guise et d'Aubenton* on peut s'exonérer de l'obligation de contribuer aux frais de clôture en abandonnant à celui qui veut se clore la moitié du terrain sur lequel le mur doit être édifié, qui devient la propriété exclusive de celui qui a fait édifier le mur. Cet usage ne paraît pas exister dans les autres cantons.

HAIES ET HORLES

Les haies servant de clôture doivent avoir de 1 m. 33 à 2 mètres de hauteur et 0 m. 50 de largeur. Elles sont élaguées chaque année au printemps et dans certains cantons deux fois par an, fin mai et fin septembre. Les haies montantes sont exploitées tous les 3 ou 4 ans.

Lorsque deux héritages sont séparés par un horle ou rideau, il est présumé appartenir en entier ou au moins pour deux tiers au fonds supérieur.

Dans les cantons de *Vervins et de La Capelle*, les haies de clôture ont une hauteur variant de 1 m. 50 à 2 mètres.

A *Vervins*, la haie tondue a une épaisseur de 0 m. 50.

A *Aubenton*, la hauteur des haies de clôture est de 1 m. 60, la largeur de 0 m. 50.

A *Guise*, la hauteur est de 1 m. 33 à 2 mètres, la largeur de 0 m. 50. *Au Nouvion*, la hauteur est de 1 m. à 1 m. 50.

A *Hirson*, la haie d'épine a de 1 m. 33 à 1m. 50 de hauteur : la haie de charme à 2 mètres.

A *Wassigny*, la hauteur ne paraît pas déterminée.

A *Sains-Richaumont*, les haies ont 1 m. 33 entre jardins et 1 m. 50 entre les autres héritages.

L'élagage a lieu tous les ans : *Vervins et Hirson* font une exception pour les haies montantes, à l'égard desquelles on tolère que l'élagage n'ait lieu que tous les trois ans.

Dans les cantons de *Vervins, Aubenton et Wassigny*, les haies doivent être récépées tous les 3 ans ; à *Guise*, de 3 à 4 ans : à *La Capelle*, de 5 à 7 ans. *Au Nouvion*, elles sont repliées tous les 3 ans, bottées ou récépées tous les 6 ans. A *Sains -Richaumont*, les haies entre jardins sont récépées tous les ans, les autres haies tous les 3 ans.

Dans les cantons de *Guise, et de Sains*, le horle ou rideau est présumé appartenir pour 2/3 au fonds supérieur.

Dans ceux d'*Hirson et de La Capelle* il appartient en entier au fonds supérieur. Dans celui de *Vervins* on distingue : entre deux terres labourables, il appartient pour 2/3 au fonds supérieur ; entre une terre labourable et une prairie, il appartient en entier à la prairie.

Dans les cantons du *Nouvion, Aubenton et Wassigny*, il n'existe pas d'usage.

CHAPITRE X
Distance
des plantations
(Art 671 du Code Civil)

Il n'est permis d'avoir des arbres, arbrisseaux ou arbustes près de la limite de la propriété voisine qu'à la distance prescrite par des règlements particuliers actuellement existants ou par des usages, constants et reconnus, et à défaut de règlements et usages qu'à la distance de 2 mètres de la ligne séparative des deux héritages pour la plantation dont la hauteur dépasse deux mètres et à la distance d'un demi-mètre pour les autres plantations.

ARBRES

En général, on observe les distances fixées par l'article précité. On peut planter les espaliers près d'un mur non mitoyen, sans observer les distances, en soutenant ces espaliers par un treillage ou des piquets plantés à moins de 15 centimètres du mur.

Les bois taillis sont assimilés aux arbres à basse tige et plantés à 50 centimètres.

Les oseraies étaient plantées jusqu'à la limite extrême des héritages ; mais cet usage tend à disparaître.

Dans les cantons d'*Aubenton, du Nouvion et Wassigny*, on ne signale pas d'usage : on se conforme à la loi.

A *Vervins et à Sains, à La Capelle, Guise et Hirson*, on observe les distances fixées par l'article 671 du Code civil.

Toutefois, on peut planter des espaliers près d'un mur mitoyen ou non, sans observer les distances, en soutenant ces espaliers par du treillage ou des piquets plantés à moins de 15 centimètres du mur.

A *Sains*, les espaliers plantés contre un mur non mitoyen ne doivent pas dépasser la hauteur du mur.

A *Guise et à Hirson*, il est d'usage de n'assujettir à aucune condition de distance les arbres plantés dans les jardins d'agrément situés dans l'intérieur des villes.

Dans les cantons de *Guise, Hirson et Sains*, les bois taillis sont assimilés aux arbres à basses tiges et plantés à 50 centimètres. A *Vervins*, cet usage n'existe que pour les bosquets seulement et à la condition d'en faire la coupe tous les 6 ans au plus.

A *La Capelle*, les bois taillis sont assimilés aux arbres à haute tige et plantés à 2 m. de distance : lorsque des arbres susceptibles de transplantation sont plantés à une distance moindre que la distance légale, l'arrachage n'en peut être exigé que du 1er octobre au 1er avril. A *Aubenton, au Nouvion et Wassigny*, on ne signale pas d'usage.

Dans les cantons de *La Capelle, Hirson, Guise et Wassigny*, les oseraies sont plantées à 0 m. 50 de la limite.

A *Vervins*, la distance à observer est 0 m. 25.

A *Sains*, la distance à observer entre deux oseraies est de 0 m. 17, mais entre une oseraie et un autre héritage on doit planter à 0 m. 50.

A *Aubenton*, les oseraies sont plantées à la limite extrême. Dans le canton du *Nouvion*, il n'existe pas d'oseraie. Dans celui de *Wassigny*, on ne peut planter le houblon qu'à 0 m. 50.

HAIES

Pour la plantation des haies vives, la distance est uniformément de 0 m. 50.

FOSSÉS

Les fossés non mitoyens sont établis d'ordinaire sur la limite extrême de la propriété close sans distance intermédiaire ou à 33 ou 50 centimètres de la ligne séparative des deux héritages non clos.

Ces fossés doivent être en talus, l'inclinaison du talus doit être proportionnée d'une part à la profondeur du fossé et d'autre part à la consistance du terrain, de manière que le talus ne s'éboule pas et qu'il reste toujours par les propriétés non closes 33 ou 50 centimètres au-delà des talus jusqu'à l'héritage voisin.

Les usages varient suivant les cantons. A *Sains-Richaumont*, le fossé non mitoyen est établi ordinairement à 33 centimètres de la ligne séparative avec un talus de l'inclinaison de 45 degrés.

A *Aubenton et à Hirson* le fossé non mitoyen est à la limite extrême sans distance intermédiaire avec un talus de 45 degrés.

A *La Capelle* on doit laisser une distance intermédiaire égale à la profondeur du fossé.

A *Guise*, pas de distance intermédiaire et pas d'usage pour les talus, bien que pour les carrières, marnières et sablières, on observe généralement une distance de 0 m. 50.

A *Vervins*, la distance intermédiaire est de 0 m. 33 et à *Wassigny* elle varie de 33 à 50 centimètres. Les fossés doivent être en talus et l'inclinaison du talus est proportionnée d'une part à la profondeur du fossé et d'autre part à la consistance du terrain de manière que le talus ne s'éboule pas et que la distance intermédiaire prescrite ne diminue pas.

On clôt ordinairement les bois et garennes, par des fossés afin d'intercepter les racines des arbres et de les empêcher de s'étendre dans les terrains riverains.

Dans certains pays il est d'usage d'indiquer l'interdiction de passer à certains endroits tels que sentiers prohibés, par de petits fossés, appelés défenses, d'une profondeur habituelle de 0 m. 33.

Au *Nouvion* il n'existe pas d'usage. Dans les cantons de *Wassigny*, *Vervins*, *Hirson* et *Guise*, on clôt ordinairement les bois et garennes, par des fossés, afin d'intercepter les racines. A *Sains*, cet usage n'existe que pour les bois, non pour les bosquets.

Il n'y a pas d'usage dans les autres cantons.

Il est d'usage d'indiquer l'interdiction de passer à certains endroits, tels que les sentiers prohibés, par de petits fossés appelés défenses d'une profondeur habituelle de 0 m. 33 ou encore par des torches de paille ou des branchages.

Cet usage n'existe pas dans les cantons d'*Aubenton*, *La Capelle* et *Hirson*.

CHAPITRE XI

Distances et ouvrages intermédiaires pour certaines constructions

(*Article 674 du Code Civil*)

Celui qui fait creuser un puits ou une fosse d'aisances près d'un mur mitoyen ou non ;

Celui qui veut y construire cheminée ou âtre, forge, four ou fourneau, y adosser une étable ou établir contre ce mur un magasin de sel ou amas de matières corrosives, est obligé à laisser la distance prescrite par les règlements et usages particuliers sur ces objets, ou à faire les ouvrages prescrits par les mêmes règlements et usages pour éviter de nuire au voisin.

PUITS ET FOSSES D'AISANCES

En général on n'observe plus l'ancien ne distance ; mais si l'on construit une fosse d'aisances, près d'un mur mitoyen ou non, on fait un contre-mur généralement de 0 m. 33 d'épaisseur qu'on lie avec le mur voisin pour ne former qu'un seul corps de maçonnerie, et l'on exige que la fosse soit faite en bons matériaux et maçonnerie ou même cimentée sur les quatre faces.

Dans les cantons de *Guise*, *Wassigny* et *Sains*, l'usage est de faire un contre-mur de 0 m. 33 sans observer d'autre distance.

Cet usage existe également dans la commune d'*Aubenton*, mais non dans les autres communes.

Aucun usage n'est signalé dans les autres cantons.

Conformément aux prescriptions de l'article 191 de la coutume de Paris, si la fosse est construite près d'un puits, on établit le contre-mur pour garantir le mur de séparation, non seulement jusqu'au niveau du terrain, mais encore jusqu'à la hauteur du tuyau, quelle qu'en soit l'élévation.

Il n'existe aucun usage local.

On applique pour les fosses d'aisances l'article 269 de la coutume du Vermandois exigeant la construction d'un mur d'un pied d'épaisseur de grosse muraille et non de blocaille.

Il n'existe aucun usage local.

Dans plusieurs cantons on observe pour les puits et fosses d'aisances une distance de 1 m. 60 à 2 m., y compris le contre mur.

Dans un canton on ne peut établir les fosses qu'à 17 pieds au moins des puits. Il est d'usage dans un autre canton de laisser au moins un mètre entre les puits et les héritages voisins. Pour les fosses creusées dans les pâtures, on observe une distance de 1 à 2 mètres.

Aucun de ces usages n'est signalé dans les cantons de *Guise, Aubenton* et *Le Nouvion*.

Dans les autres cantons le seul usage relevé est celui relatif aux fosses creusées dans les pâtures ; il consiste dans l'observation d'une distance de 2 mètres pour *Vervins et La Capelle* et de 1 à 2 mètres po ur *Sains. Hirson et Wassigny*.

CHEMINEES OU ATRES, FORGES, FOURS ET FOURNAUX

On n'observe généralement pas de distance, mais il est d'usage de mettre une plaque en fonte ou de faire un bâti en tuiles ou tuileaux au contre-cœur des cheminées.

Dans certains pays, on doit distinguer entre les murs mitoyens et non mitoyens : si lemur est mitoyen, on construit seulement un contre-mur de 0 m. 30 d'épaisseur en tuileaux ou l'on fait poser une plaque en fonte.

Si le mur n'est pas mitoyen, la cheminée doit être édifiée en entier.

Dans les cantons d'*Aubenton, Hirson, La Capelle, Le Nouvion et Wassigny*, il n'existe aucun usage.

Dans les autres cantons on distingue entre les murs mitoyens et non mitoyens ; si le mur est mitoyen, on construit un contre-mur de 0 m. 30 d'épaisseur ou l'on fait poser une plaque de fonte. A *Vervins*, le contre-mur doit avoir 0 m. 34 d'épaisseur ou 0 m. 22 seulement avec une plaque de fonte.

Si le mur n'est pas mitoyen, la cheminée doit être édifiée en entier.

Pour les forges, les fours et les fournaux, il est d'usage d'établir un contre-mur de 18 à 33 centimètres d'épaisseur.

De plus on laisse généralement ce qu'on appelle le tour du chat, c'est-à-dire un espace vide de 16 à 33 centimètres (coutume de Paris) entre le contre-mur et l'héritage voisin.

A *Guise et à Sains*, il est d'usage d'établir un contre-mur de 0 m. 18 à 0 m. 33 d'épaisseur et en outre le tour du chat ; à *Vervins, le contre-mur a 0 m. 34. mais le tour du chat est inconnu.*

ETABLES

Pour les étables, on ne fait pas de contre-mur et on ne laisse pas de distance.

Dans quelques parties du département on construit du côté de la mangeoire un contre-mur de 0 m. 25 à 0 m. 30 d'épaisseur sur une hauteur moyenne de 1 m.

Aucun usage n'est signalé ; on ne fait pas de contre-mur et on ne laisse pas de distance. Cependant à *Sains*, pour les étables, si le mur est mitoyen on fait un contre-mur de 0 m. 22 d'épaisseur et de 1 m. de hauteur et, à *Guise*, on construit du côté de la mangeoire seulement un contre-mur de 25 à 30 centimètres sur une hauteur de 1 m.

MAGASIN DE SEL ET AMAS DE MATIERES CORROSIVES

Pas de distance ; mais on établit habituellement un contre-mur de 0 m. 33 à 0 m. 45 d'épaisseur.

NOTA. — Dans le nord du département on applique, pour isoler un mur du contact des objets indiqués par l'article 674, la coutume du Vermandois (article 269).

Dans les autres parties du département on observe les dispositions de la coutume de Paris (art. 138 à 191).

A *Vervins et à Guise*, on n'observe pas de distance ; mais on établit un contre-mur qui varie de 0 m. 33 à 0 m. 45 d'épaisseur.

Il n'existe aucun usage dans les autres cantons.

CHAPITRE XII
Immeubles urbains
(Art. 1736 1738, 1753, 1754, 1755. 1756, 1757, 1758 et 1759 du Code civil

CONGÉS

Art. 1736. — Si le bail a été fait sans écrit, l'une des parties ne pourra donner congé à l'autre qu'en observant les délais fixés par l'usage des lieux.

Art. 1738. — Si à l'expiration des baux écrits, le preneur reste et est laissé en possession, il s'opère un nouveau bail dont l'effet est réglé par l'article relatif aux locations faites sans écrit.

Le bail sans écrit d'une maison ou d'une partie de maison est censé fait en général pour une année entière et le délai pour donner congé est de trois mois.

Les baux sont faits par écrit pour une, trois, six, neuf années.

En cas de congé, soit par le propriétaire soit par le locataire, ce dernier peut récolter son jardinage si le propriétaire y consent ; dans le cas contraire le propriétaire doit indemnité à dire d'experts.

Dans quelques cantons, le délai est réduit à six semaines pour les locations de portion de maison ou appartement.

Dans un seul canton l'usage ne fixe

pas le délai, il suffit de donner congé avant l'expiration de l'année.

Si la location verbale est faite pour plusieurs années, le congé doit se délivrer six mois d'avance.

Dans les cas prévus précédemment, les fonctionnaires susceptibles de changer de résidence se réservent généralement la faculté de quitter leur logement en payant une indemnité d'un mois de loyer.

Pour les locations au trimestre, le congé se donne six semaines à l'avance.

Pour les locations au mois, quinze jours ou un mois d'avance suivant les pays.

Sauf quelques rares exceptions, les locations verbales commencent ordinairement au onze novembre.

Dans le canton de *Vervins*, les maisons ou les parties de maison dont le loyer ne dépasse pas 150 francs par an sont réputées louées au mois, et le délai pour le congé est d'un mois.

Les autres locations sont présumées faites à l'année et dans ce cas le délai pour le congé est de trois mois.

Les jardins sans habitation sont considérés comme loués à l'année : à l'expiration du bail la récolte appartient à celui qui l'a semée à charge de l'enlever sans délai.

A *Guise*, le bail d'une maison ou de partie de maison est présumé fait pour un an si le loyer est payable à l'année : pour trois mois s'il est payable par trimestre, pour un mois s'il est payable au mois.

Pour les locations à l'année le congé se donne trois mois à l'avance : pour les boutiques ce délai est de six mois : pour les locations au trimestre, il est de six semaines : pour celles au mois, de quinze jours : s'il dépend de la maison un jardin, le propriétaire ou le locataire entrant doit au locataire sortant une indemnité pour les frais de semence ou de culture et pour la valeur des légumes et fruits laissés par ce dernier. A *Hirson*, le bail des petites maisons d'ouvriers est au mois et le congé se donne un mois plein avant l'expiration du terme.

Pour les autres maisons, il n'existe pas d'usage déterminé.

Le congé pour les baux d'un an et plus doit être donné trois mois à l'avance.

Dans le canton d'*Aubenton*, il n'existe pas d'usage sur la durée des baux, excepté lorsque la location comprend un jardin attenant à la maison, auquel cas le bail est fait pour un an.

Le délai pour les congés est de trois mois pour les baux d'une ou plusieurs années, six semaines pour ceux au trimestre : quinze jours pour ceux d'un mois.

A *La Capelle*, le bail est présumé fait pour une année si le loyer est fixé à tant par an ou au mois s'il est fixé à tant par mois.

Il n'existe pas de location au trimestre.

Pour une maison avec jardin et pâture, la durée de la location est toujours d'un an.

Le délai des congés est de trois mois pour les baux d'un an, 1 mois pour les baux d'un mois, 6 mois pour les baux de plusieurs années. Lorsque la location d'une maison avec jardin est au mois, le délai du congé est toujours d'un mois, mais le bailleur doit au preneur une indemnité pour labours et ensemencements du jardin, ou lui permettre d'enlever la récolte à l'époque de sa maturité.

Dans le canton du *Nouvion*, les locations de maisons avec ou sans jardin sont faites au mois, au trimestre ou à l'année.

Dans le premier cas le congé se donne 15 jours d'avance, dans le second 6 semaines d'avance, dans le dernier cas trois mois d'avance.

A *Sains-Richaumont*, le bail d'une maison ou partie de maison avec jardin est censé fait pour une année et le délai pour donner congé est de 3 mois. Le bail des petites maisons d'ouvriers est présumé fait au mois. Si la location verbale est faite pour plusieurs années, le congé doit être donné aussi 3 mois d'avance.

Pour les locations au trimestre et au mois, le délai du congé est d'un mois. Il est admis que l'appel en conciliation équivaut à un congé par huissier.

A *Wassigny*, le bail d'une maison avec dépendances et jardin est d'une durée d'un an, le délai du congé est de 3 mois.

Le bail d'une maison sans jardin est fait au mois, le congé est donné un mois d'avance. Il n'est pas d'usage de louer par trimestre.

Dans les cantons d'*Aubenton, Guise, Sains et La Capelle*, les fonctionnaires susceptibles de changer de résidence se réservent la faculté de quitter leur logement en payant une indemnité égale à la valeur d'un mois de loyer. A *La Capelle*, cette indemnité est d'un mois ou de trois mois suivant que la location est au mois ou à l'année. Le douanier paie seulement le mois en cours.

PAIEMENT DES LOYERS

Art. 1753. — Le sous-locataire n'est tenu envers le propriétaire que jusqu'à concurrence du prix de la sous-location dont il peut être débiteur au moment de la saisie et sans qu'il puisse opposer des paiements faits par anticipation.

A moins de stipulations contraires subordonnées à la solvabilité du locataire le paiement de la location s'effectue toujours en un seul paiement à l'expiration du terme.

Dans les cantons de *Vervins, Guise, Aubenton, La Capelle, Le Nouvion et Wassigny*, le paiement du loyer s'effectue en une seule fois à l'expiration du terme : pas d'usage à *Sains* et à *Hirson*.

REPARATIONS LOCATIVES

Art. 1754. — Les réparations locatives ou de même entretien dont le locataire est tenu, s'il n'y a clause contraire, sont celles désignées comme telles par l'usage des lieux, et entre autres les réparations à faire : aux âtres, contre-cœur, chambranles et tablettes des cheminées ;

Au récrépiement du bas des murailles, des appartements et autres lieux d'habitation à la hauteur d'un mètre ;

Aux pavés et carreaux des chambres lorsqu'il y en a seulement quelques-uns de cassés ;

Aux vitres à moins qu'elles ne soient cassées par la grêle ou autres accidents extraordinaires et de force majeure dont le locataire ne peut être tenu :

Aux portes, croisées, planches de cloison ou de fermeture de boutiques, gonds, targettes, serrures.

Art. 1755. — Aucune des réparations réputées locatives n'est à la charge des locataires quand elles ne sont occasionnees que par vétusté ou force majeure.

Les dispositions du code sont seules en vigueur, dans tous les cantons : toutefois dans le canton de *Vervins,* on comprend parmi les réparations locatives celles relatives aux peintures et aux papiers de tenture déchirés et endommagés par le fait du locataire, aux parquets, aux glaces, aux tablettes des placards et autres menuiseries et ornements, aux sonnettes de toutes sortes, aux croissants ou porte-pincettes des cheminées, aux garnitures en faïence des fourneaux de cuisine, aux pavés des cours lorsqu'il y en a seulement quelques-uns de cassés. Le ramonage des cheminées est à la charge du locataire ; celui-ci doit nettoyer et entretenir les tuyaux qui conduisent l'eau des pierres à évier aux tuyaux de descente des eaux ménagères.

PUITS
ET FOSSES D'AISANCES

Art. 1756. — Le curement des puits et celui des fosses d'aisances sont à la charge du bailleur s'il n'y a clause contraire.

Les commissions ne signalent aucun usage particulier.

MEUBLES

Art. 1757. — Le bail des meubles fournis pour garantir une maison entière, un corps de logis entier, une boutique, ou tous autres appartements, est censé fait pour la durée ordinaire des baux de maisons, corps de logis, boutiques ou autres appartements selon l'usage des lieux.

Pas d'usage.

APPARTEMENTS MEUBLÉS

Art. 1758. — Le bail d'un appartement meublé est censé fait à l'année, quand il a été fait à tant par an.

Au mois quand il a été fait à tant par mois.

Au jour s'il a été fait à tant par jour. Si rien ne constate que le bail soit fait à tant par an, par mois ou par jour, la location est censée faite suivant l'usage des lieux.

Les commissions de 1861 n'ont signalé aucun usage.

TACITE RECONDUCTION

Art. 1758. — Si le locataire d'une maison ou d'un appartement continue sa jouissance après l'expiration du bail par écrit sans opposition de la part du bailleur, il sera censé les occuper aux mêmes conditions pour le terme fixé par l'usage des lieux et ne pourra plus en sortir ou en être expulsé qu'après un congé donné suivant le délai fixé par l'usage des lieux.

Généralement le bail par tacite reconduction est censé fait pour un mois, trois mois ou un an, selon que la location primitive avait été faite au mois, au trimestre ou à l'année et le délai pour donner congé est le même que pour les baux faits écrits.

Dans les cantons de *Wassigny et Sains,* le bail par tacite reconduction est censé fait pour la même durée que le bail originaire ; il en est de même à *Vervins, Guise, Aubenton, et La Capelle.*

A *La Capelle,* sauf dans le cas où le bail était fait pour plus d'une année, la durée du nouveau bail est alors d'un an seulement.

Au *Nouvion,* il n'existe pas d'usage, le délai pour donner congé est le même que pour les baux faits sans écrit.

CHAPITRE XIII

Vente des grains, foins, pailles, farines, bestiaux, taxe du pain

GRAINS

Dans tous les cantons, les grains se vendent au quintal. Il n'y a d'exception dans les cantons de *Vervins et de La Capelle* seulement que pour l'avoine qui est vendue au sac de 71 kilogrammes.

Dans le canton de *Vervins* on ajoute ordinairement 1 kilogramme pour le poids du sac.

FOINS

Le foin se vend, savoir :

Dans les cantons de *Vervins, Hirson, Aubenton, La Capelle et Guise* au cent de bottes de 5 kilogrammes chacune. Dans les autres cantons au cent de bottes de 7 kilogrammes 500 chacune avec addition partant de 4 0/0.

PAILLES

Les pailles se vendent également au cent de bottes avec addition de 4 pour cent. Dans les cantons de *Vervins, Hirson et Aubenton* le poids de la botte est de 5 kilogrammes. Dans les autres cantons il est de 7 kilogrammes 500.

FARINES

Les farines se vendent au poids de 100 kilogrammes, auxquels on ajoute 1 kilogramme pour la toile.

BESTIAUX (1)

La vente des bestiaux se fait d'après leur poids, soit vif, soit en viande nette et dans ce cas l'usage admet que 100 kilogr. de poids vif représentent en viande nette :

1o Pour les bœufs, vaches et veaux 0/0 en moins.

2o Pour les moutons 0/0 en moins.

3o Pour les porcs 0/0 en moins.

Dans le canton de Guise

Pour les bœufs. vaches, veaux et moutons de 50 à 55 0/0.

Pour les porcs de 65 à 70 0/0.

Dans le canton d'Aubenton

Pour les bœufs, vaches et veaux de 50 0/0.

Pour les porcs de 65 0/0.

Les bestiaux se vendent soit par tête, soit au poids vif , soit en viande et dans ce dernier cas l'usage admet que 100 kilogrammes de poids vif représ nt en v'ande nette, savoir :

Dans le canton d'Hirson

Pour les bœufs 55 0/0.
Pour les vaches 50 0/0.
Pour les veaux 60 à 65 0/0.
Pour les moutons 48 0/0.
Pour les porcs 72 0/0.

Dans le canton de La Capelle

Pour les bœufs et vaches 50 0/0.
Pour les moutons 50 0/0.
Pour les porcs 60 0/0.
Pour les veaux 60 0/0.

Dans le canton de Wassigny

Pour les bœufs, vaches, veaux et moutons 60 0/0.
Pour les porcs 67 0/0.

Dans le canton de Vervins

Pour les vaches flamandes 60 0/0 de viande et 10 à 15 0/0 de suif.

Pour les moutons picards 50 0/0 de viande et 15 0/0 de suif.

Pour les moutons Disley (mérinos) 70 0/0 de viande.

Pour les porcs normands 80 0/0.

La commission cantonale de *Vervins* signale · en outre l'usage suivant : lors de la vente des chevaux, le vendeur abandonne le licol et sa longe ; et, lors de la vente des bêtes à cornes, la longe seulement.

De son côté l'acheteur paie pour le domestique un droit qui est de :

Pour un cheval 5 fr.
Pour un taureau 2 fr.
Pour un bœuf ou une vache 1 fr.
Un veau 0 fr. 50.
Un mouton 0 fr. 20.

(1) Dans le canton du *Nouvion*, l'usage veut que les bêtes ne soient enlevées par l'acheteur qu'au fur et à mesure de ses besoins. Elles restent au risque du vendeur jusqu'au 1er novembre (d'après jugement du 22 février 1912 du Tribunal civil de Vervins : « Gazette du Palais », n° du 8 août 1912).

(Note de l'Editeur).)

Un porc gras 1 fr.
Un coureur 0 fr. 25.
Un porc de lait 0 fr. 15.

La vente des laines se fait à raison de tant le demi kilogramme avec déduction de 50 0/0 sur la totalité du poids.

TAXE DU PAIN

Dans les cantons de *Vervins, du Nouvion, Sains, Guise, La Capelle*, il n'existe pas d'usage. Dans les autres cantons la taxe se fait sur les bases suivantes :

Dans le canton d'*Aubenton* on ajoute au prix du sac de farine le prix évalué pour la cuisson qui est de 3 francs (on estime que le sac de 100 kilogrammes de farine rend 31 pains de 4 kilogrammes , soit 124 kilogrammes de pain).

Dans le canton de *Wassigny* on ajoute au prix du sac de farine le prix évalué pour la cuisson qui est de 8 francs 35. On estime que le sac de 100 kilogrammes de farine rend 34 pains de 4 kilogrammes, soit 136 kilogr de pain.

Dans le canton d'*Hirson* on estime que les 100 kilos de farine rendent de 135 à 140 kilos de pain.

La cuisson et la façon figurent pour 6 fr.

En réalité, la farine de première qualité produit pour 100 kilos 144 kilos de pain ou 36 pains de 4 kilos.

CHAPITRE XIV

Rapport entre les anciennes et les nouvelles mesures

MESURES AGRAIRES

Valeur en ares des anciennes mesures agraires telles que arpent, setier, verge

La commission du canton d'*Aubenton* ne signale l'usage d'aucune mesure agraire ancienne. Ces anciennes mesures ne sont plus usitées dans le canton de *La Capelle*.

Les anciennes mesures agraires encore usitées dans les autres cantons sont :

Dans le canton de Wassigny

La mancaudée qui vaut en superficie 39 a 10 c.
Le jaloi qui vaut en superficie 24 a 21 c.
La verge qui vaut en superficie 0 a 40 c.

Dans le canton du Nouvion

La rasière, qui vaut en superficie 32 a 23 c.
La mancaudée vaut en superficie 38 a 62 c. ; 30 à 18 c.
Le jaloi qui vaut en superficie 24 a 21 c.
La verge qui vaut en superficie 0 a 40 c. 753.
L'essain qui vaut en superficie 12 a 10 c.
Le pugnet qui vaut en superficie 6 a 05 c.

Dans le canton de Guise

Le jaloi de 60 verges qui vaut en superficie dans toutes les communes excepté à *Hauteville, Bernot*, 24 a 21 c.

L'essain (moitié du jaloi) qui vaut 12 à 10 c.

Le boisseau ou pugnet (quart du jaloi) 6 a 05 c.

La verge qui vaut en superficie 40 centiares 35 mill.

A *Hauteville* et à *Bernot* le jaloi est de 50 verges et vaut en superficie 21 a 45 c.

Dans le canton de Sains

Les anciennes mesures agraires sont : le jaloi, l'essain ou moitié du jaloi, le pugnet ou quart du jaloi, le quartel ou 1/2 du jaloi, la verge.

Le jaloi et la verge varient de grandeur suivant les communes.

A *Sains, Colonfay, Le Hérie-la-Viéville, Wiège-Faty, Le Sourd, Puisieux, Clanlieu,* la verge est de 0 a 4035317, le jaloi est de 60 verges vaut en superficie 24 a 21 c.

A *Landifay, Bertaignemont,* la verge est de 0 a 4291465. Le jaloi est de 53 verges et vaut en superficie 22 a 74 .

A *Monceau-le-Neuf,* la verge est de 0 a 4291465 le jaloi est de 45 verges et vaut en superficie 19 a 31 c.

A *Lemé,* il y a deux mesures ; sur une partie du territoire la verge est de 0 a 4035317 et le jaloi de 60 verges ou de 24 a 21 ; sur l'autre partie de la verge est de 0 a 4291465 et le jaloi de 80 verges ou de 34 a 33.

A *Berlancourt* et dans toutes les autres communes, la verge est de 0 a 4291465 et le jaloi de 80 verges vaut en supeficie 34 a. 33.

Dans le canton d'Hirson

Les anciennes mesures agraires sont le jaloi, le quartel ou 1/2 jaloi, le pugnet ou 1/4 de jaloi et la verge.

Ces mesures varient suivant les localités.

A *Hirson, Origny- en- -Thiérache, Neuve-Maison, Mondrepuis, Ohis, Wimy, Effry,* et *Wattigny* la verge vaut en superficie 0 a 4291 ; le pugnet 6 a 43, le quatrel 12 a 87 et le jaloi 25 a 71.

A *Saint-Michel* la verge vaut en superficie 0 a 5107 ; le pugnet 8 a. 93 ; le quartel 17 a 87, et le jaloi 35 a 75.

A *Bucilly* et *Eparcy,* la verge vaut en superficie 0 a 4291 ; le pugnet 8 a 58, le quartel 17 a 16 et le jaloi 34 a 33.

A *Buire,* sur la partie du terroir dite : *Ban de Buire,* la verge vaut en superficie 0 a 4291, le pugnet 7 a 51 le quartel 15 a 02 et le jaloi 30 a 84.

Sur la partie dite *Ban du Bois Saint-Pierre* la verge vaut en superficie 0 a 4488, le pugnet 7 a 85, le quartel 15 a 71 et le jaloi 31 a 42.

A *La Hérie* sur une partie du terroir la verge vaut en superficie 0 a 4438, le pugnet 7 a 85, le quartel 15 a 71 et le jaloi 31 a 42.

Sur l'autre partie de terroir, la verge vaut en superficie 0 a 4291, le pugnet 8 a 58, le quartel 17 a 16 et le jaloi 34 a 33.

Dans le canton de Vervins

Les anciennes mesures sont la verge, le jaloi, le quartel ou 1/2 jaloi et le pugnet 1/4 du jaloi.

La verge n'a pas la même valeur métrique et le jaloi n'est pas composé du même nombre de verges dans toutes les communes du canton. Voici le tableau complet de ces variations d'après les tables de Nestor Wattiaux avec cette rectification que la commune de *Bancigny* au lieu d'avoir des mesures spéciales a les mêmes mesures que les communes de *Braye, Plomion* et *Nampcelles.*

A *Saint-Algis* et *Autreppes* (mesure du duché de Guise) la verge de 22 pieds 8 lignes, (le pied 10 pouces) vaut en longueur 6 m. 35.

La verge carrée vaut en superficie 40 mq 53.

2 verges 48 vaut en superficie 1 a.

Le jaloi vaut 60 verges en superficie 24 a 21.

Le quartel 1/2 jaloi vaut en superficie 12 a 10.

Le pugnet (1/4 de jaloi) vaut en superficie 6 a 05.

Bancigny, Braye, Plomion et Nampcelles (mesure de *Montcornet* pour la verge, mesure d'ordonnance pour le jaloi).

La verge de 22 pieds 7 pouces (le pied 11 pouces) en longueur., 6 m. 07.

La verge carrée vaut en superficie 44 mq 89.

2 verges 23 valent en superficie 1 a.

La verge carrée vaut en surbface 42 mq 91.

Le jaloi vaut 70 verges et vaut en superficie 31 a 42.

Le quartel (1/2 jaloi) vaut en superficie 15 a 71.

Le pugnet (1/4 de jaloi) vaut en superficie 7 a 85.

A *Hary* (mesure du Vermandois pour la verge et mesure d'ordonnance pour le jaloi).

La verge de 22 pieds (le pied 11 pouces) vaut en longueur 6 m. 55.

2 verges 33 vaut en surface 1 a

Le jaloi de 70 verges vaut en surface 30 a 04.

Le quartel (1/2 jaloi) vaut en surface 15 a 02.

Le pugnet (1/4 jaloi) vaut en surface 7 a 51.

A *Harcigny* (mesure d'ordonnance).

La verge de 22 pieds (le pied 12 pouces) vaut en longueur 7 m. 15.

La verge carrée vaut en superficie 51 mq 07.

1 verge 96 vaut en superficie 1 a.

Le jaloi vaut 70 verges ou 35 a 75 c.

Le quartel (1/2 jaloi) vaut en superficie 17 a 87 c.

Le pugnet (1/4 de jaloi) vaut en superficie 8 a 94 c.

A *Vervins, Fontaine, La Bouteille, Thenailles, Burelles, Landouzy-la-Cour, Prisces, Lugny, Houry, Gronard, Gercy, Laigny, Haution, Voulpaix, et La Vallée-aux-Bleds* (mesures du Vermandois).

La verge de 22 pieds (le pied 11 pouces) vaut en longueur 6 m. 55.

La verge carrée vaut en superficie 42 mq 1.

2 verges 33 valent en superficie 1 a.

Le jaloi vaut 80 verges ou en superficie 34 a 33 c.

Le quatrel (1/2 Jaloi) en superficie 17 a 16 c.

Le pugnet (1/4 jaloi) en superficie 8 a 58 c.

NOTA.

Les travaux agricoles (cultures, fauchages, etc) se font généralement au jaloi, mais cet usage tend à disparaître. Cependant lorsqu'il n'y a aucune convention contraire, c'est au jaloi qu'il faut compter ; car c'est encore cette mesure qui est présente à l'esprit de l'ouvrier.

Les ventes et adjudications se font ordinairement à tant du jaloi. Dans les actes, les notaires indiquent souvent que la vente est faite à tant les 24 a 21, les 30 a 04, les 31 a 42, les 34 a 33 et 31 a 75 suivant les localités.

MESURES DE CAPACITÉ

Valeur en litres des anciennes mesures telles que setiers, quartaut, boisseau

Dans les cantons de *Wassigny, Le Nouvion, La Capelle,* l'usage des anciennes mesures de capacité est complètement disparu.

Dans le canton de *Guise*, celles usitées sont : le jalot, qui vaut 54 litres et l'essain dont la capacité est de 27 litres.

Dans les autres cantons, *Aubenton, Hirson, Vervins et Sains* le boisseau est resté usité ; il vaut 25 litres.

La commission du canton de *Vervins* usant de la faculté conférée par les préliminaires du cadre-programme signale les usages suivants :

LARGEUR
D'UNE SERVITUDE DE PASSAGE

Quand le titre ne fixe pas la largeur du passage ou que le passage doit être fourni pour cause d'enclave, cette largeur est fixée généralement à 1 m. pour le passage à pied, à 4 m. pour le passage en voiture.

Cette largeur peut être augmentée suivant les besoins dans les tournants.

TABLE DES MATIÈRES